EXTRAITS

DU

CARNET DE COMPTES

DE

M. DEURBROUCQ

I.

Articles concernant madame Castex.

Année 1860.

14	avril	pour remettre à M. Cast.			500 fr.
3	mai	—	—	—	200
14	—	—	—	à valoir	11.50
21	—	—	—	—	500
23	—	—	—	—	100
2	juin	—	—	—	130
14	—	—	—	—	160
25	—	—	—	—	60
29	—	—	—	—	300
1er	juillet	—	—	—	450
5	—	—	—	—	800

16	—	—	—	—	100
19	—	—	—	—	200
24	—	—	—	—	60
29	—	—	—	—	300
6	août	—	—	—	100
24	octobre	—	—	—	300
28	—	—	—	—	1.000
2	novembre	à M. C.	—	—	1.000
12	—	Bois à brûler et charbon pour compte de M. C.............			60
17	—	pour remettre à M. C. à valoir.			1.000
25	—	—	—	—	200
6	décembre	—	—	—	100
25	—	—	—	—	21

Année 1861.

2	janvier	pour remettre à M. C. à valoir.			1.000
8	—	—	—	—	1.500
17	—	—	—	—	1.500
18	mars	au percepteur pour M. Cast. à valoir.			25
6	avril	pour remettre à M. C. à valoir.			1.000
15	—	—	—	—	500
29	—	—	—	—	100
9	mai	—	—	—	1.500
12	—	Prêté à M. Ame...............			3 000
16	juin	Prêté à M. C. au 1er juillet. à valoir.			1.000
3	juillet	—	—	—	200
28	août	—	—	—	20
29	—	—	pour la fête des jardiniers..................			20

31	Prêté 20 fr. pour acheter les fourrures.	20
8 septembre	Prêté à M. C. à valoir.	3.500
3 octobre	— en remboursement.	3.000
3 mars	— le 1ᵉʳ octobre.	1.000

Du 7 NOVEMBRE 1861 AU 28 MARS 1862, VOYAGE DE M. DEURBROUCQ A LONDRES

Année 1862.

4 avril.	à M. C. 1ᵉʳ janvier.	1.000	»
18 —	— avril.	1.000	»
4 mai	—	100	»
18 février 1862.	Envoyé à M. Castex. A valoir sur son compte courant.	2.000	»
19 —	Reçu de Dreux, agent de change pour vente de quatre actions des chemins de fer autrichien pour compte de madame Castex à 509.37 1/2, à déduire, contage net.	2.034	45
10 mars.	A Mᵐᵉ Castex, solde de son compte courant.	298	70
25 mai.	A madame Castex, à valoir sur les 220 fr. montant de la barrique de vin de Mâcon de 1858.	100	»
2 juin	A Mᵐᵉ Castex, à valoir, sur la barrique de vin.	100	»
7 —	à M. C. à valoir.	1.000	»
1ᵉʳ juillet.	— —	1.000	»

12 août.	à Letellier plombier, son mémoire pour compte de madame Castex 56 réduit à	55	»
10 décembre.	Reçu de madame C., trois années du 1ᵉʳ janvier 1862 au 31 décembre 1865.	3.600	»
12 —	Remis à Mᵐᵉ Castex pour une table de toilette..........................		

Année 1863.

7 février 1863.	Envoyé à Mᵐᵉ Castex, à valoir sur son compte courant.................	2.000	»
17 —	Envoyé à Mᵐᵉ Castex à valoir sur son compte courant................	2.000	»
15 avril.	A Mᵐᵉ Castex, ma reconnaissance de fr. 279.75 pour divers intérêts, soit.	279	75
	A Mᵐᵉ Castex, mon emprunt du 7 mars..............	300	
11 juillet.	Trois mois d'abonnement de la mode illustrée à partir du 1ᵉʳ août, pour compte de Mᵐᵉ Castex...........	3	»
24 —	Mousseline, pour compte de Mᵐᵉ Castex....................	7	15
3 octobre.	Reçu d'emprunt de Mᵐᵉ Castex pour mon billet de 1200, intérêt de deux ans compris, payable le 3 octobre 1865 (1).	1.000	r
2 novembre.	Reçu d'emprunt de Mᵐᵉ Castex pour mon billet de f. 1.100, intérêt de		

---

(1) Au 3 août 1865, on trouve dans ce carnet : 1865, 3 août. A Mᵐᵉ Castex, remboursement de mon emprunt du 3 octobre 1863, intérêts compris .... 1,100 »

deux ans compris, payable le 2 novembre 1865................... 1.000 »

13 novembre. Reçu d'emprunt de M™ Castex pour
mon billet de 1650, intérêt de deux
ans compris, payable le 13 novembre 1865................... 1.500 »

25 novembre. Reçu d'emprunt de M™ Castex pour
mon billet, 1540 fr., intérêt de
deux ans compris, payable le
25 novembre 1865............. 1.400 »

Année 1864.

1ᵉʳ janvier. Reçu de M™ Castex, pour sa moitié, dans les 5 actions dn
tirage du 2 courant, de l'emprunt des chemins de fer d'Autriche. 35 »

Boîte à bonbons à M™ᵉˢ Sainte-Marie........ 15 »

—   —   .... 12 »

M™ Castex............................. 12 »

30 janvier. Reçu d'emprunt de M™ Castex, pour payer le troisième
paiement de l'acquisition de Montespan................ 45.000 »

Remboursables par billets à ordre, savoir :

30 octobre 1864... 10.000 » renouvelé jusqu'au 30 octobre 1865.
30 mai 1865...... 10.000 »
30 août 1865..... 10.000 »
30 novembre 1865. 10.000 »

A ladite, en garantie, 9,500 francs en billets à ordre pour payer au Comptoir d'escompte l'intérêt de ses valeurs déposées.

25 mars 1864..............	500	»
25 avril 1864.............	500	»
25 mai 1864.	500	»
25 juin 1864..............	500	»
25 juillet 1864............	500	»
25 mars 1865..............	2.000	»
30 septembre 1865........	2.500	»
28 février 1866...........	2.500	»

30 janvier. Remboursé à Mme Castex mon emprunt du 2 décembre dernier, 300 francs, intérêts sur ladite somme soixante jours...... 2 50

21 avril. Reçu d'emprunt de Mme Castex contre mon billet remboursable le 30 avril 1865.................................. 500 »

Reçu de ladite, D°.................................. 500 »

21 mai. Reçu d'emprunt de Mme Castex pour mon billet à son ordre payable le 21 mai 1865 (2)........................... 2.094 90

29 mai. Billet de 5,000 francs daté du 29 mai 1864, à l'ordre de Mme Castex, payable le 30 janvier 1866.

28 février 1866.... 5.000 » (1)

---

(1) **Observation importante.** — La veille du jour où le carnet indique Mme Castex comme ayant versé 45,000 francs à M. Deurbroucq, le 29 JANVIER 1864, le certificat du sous-comptoir des chemins de fer (Voir aux pièces) atteste que Mme Castex a retiré les valeurs suivantes :
33 actions des chemins de fer de l'Est, n°s 486,413 à 486,445.
70 obligations de 500 francs, 3 pour 100 des chemins de fer de Paris à Lyon et à la Méditerranée, n°s 2,153,808 à 2,153,967.
Et qu'elle a déposé au même sous-comptoir :
21 actions des chemins de fer de Paris à Lyon et à la Méditerranée (estampillées), n°s 118,352 — 118,353 — 245,714 à 245,716 — 260,007 — 260,008 — 261,838 — 644,241 à 644,253.
53 actions du chemin de fer du Nord, n°s 435,730 — 498,446 — 498,447 — 515,710 à 515,759.

(2) Au 28 juin 1865, le carnet porte :
28 juin 1865. — A Mme Castex, mon emprunt du 21 mai 1864, compris les intérêts : 2,094 fr. 90 c.

Billet de 5,000 francs daté du 29 mai 1864, à l'ordre de Mme Castex, payable le 30 juillet 1866.

Billet de 600 francs daté du 29 mai 1864, à l'ordre de Mme Castex, payable le 30 janvier 1867.

2 décembre 1863. Reçu de Mme Castex par emprunt, remboursable à sa volonté, à raison de 5 p. 100 d'intérêt................ ...... 300 »

29 juillet 1864. A Mme Castex pour ports de lettres, fiacres, blanchissage, etc... 11 30

10 septembre. A Noël, par Mme Castex, treize semaines.... 325 »

12 septembre. Reçu de Mme Castex pour être versé au Crédit foncier, pour son compte................................... 15 000 »

Versé au Crédit foncier........................... 15.000 »

20 septembre. Reçu de Mme Castex, pour mon billet à son ordre, payable le 20 janvier 1865................................... 1.000 »

27 septembre. Reçu du Crédit foncier pour compte de Mme Castex et remis à celle-ci................................... 10.000 »

29 septembre. Reçu de Mme Castex de ses fonds déposés (1) au Crédit foncier pour mon billet consenti ce jour, payable le 29 juin 1865................................... 1.000 »

Reçu de ladite pour mon billet consenti ce jour, payable le 29 juin 1865................................... 500 »

A Mme Castex pour intérêt à 5 p. 100, du 29 septembre 1864 au 29 juin 1865, de la somme de 1,500 francs, des deux billets ci-dessus................................... 56 25

19 octobre. Envoyé à Louis pour compte de Mme Castex....... 125

---

(1) Au 9 juillet 1865, on lit dans le carnet: 9 juillet. A Mme Castex, remboursement de mon emprunt du 29 septembre 1864................................... 500 »

20 octobre 1864, à Marie pour compte de Mme Castex....   20   »

29   —   Reçu de Mme Castex sur ses fonds dépo-
                   sés au crédit foncier pour lui être rem-
                   boursés le 15 avril 1865 ....   1.000   »

7   novembre.   Reçu du Crédit foncier pour compte de
                   Mme Castex ....   2.500   »
                   Remis à elle   80   »

22   —   à Mme Castex à valoir sur les 547 que je
                   lui dois, reste dû 300...........   247   »

21   décembre.   à Mme Castex solde de ce que je lui devais.   300   »

Année 1865.

12 février 1865, à Mme Castex remboursement de mon
                   emprunt du 30 janvier 1864........   45.000   »

18   —   à Mme Castex pour diverses dépenses
                   pour mon compte................   107   »

à Mme Castex, remboursement de mon emprunt du
                   30 avril 1861   500   »
          —   —   .   500   »
          —   29   mai   ....   6.000   »
          —   20 septembre ....   1.000   »
          —   29   —   ....   1.000   »
          —   29 octobre ....   1.000   »
          —   Reçu d'emprunt de Mme Castex contre mon
                   billet consenti ce jour, payable le 20 juin
                   1865.........................   500   »

20 février 1865, à la dite les quatre mois d'intérêt sur le
                   dit billet.....................   8 35

22   mars   Reçu d'emprunt de Mme Castex........

      5 mars   50

      9 — 350

      24 — 600

                      1.000 (1)

Pour lui être remboursé le 20 juin 1865 par un billet à ordre consenti ce jour......... 1.000 »

à Mme Castex, 6 mois d'intérêt dudit billet............. 15 »

19 avril 1865. à Mme Castex, ma reconnaissance du 15 novembre 1864 pour divers intérêts.. 279 15

23 — à Mme Castex remboursement de mon emprunt du 9 mars....... .... 300 »

1er mai à Mme Castex les intérêts du Crédit foncier au 31 décembre 1865, reçu pour son compte 31 65

à la dite solde de la barrique de vin de Mâcon année 1858... 20 »

à la dite pour la barique envoyée de Macon le 26 avril dernier.................................... 128 »

11 juin à Mme C. prêté..................... 380 »

28 — à Mme Castex, mon emprunt du 21 mai 1864, compris les intérêts (2)...... 2.094 90

à la dite mon emprunt du 21 février 1865............ 500 »

9 juillet 1865, à Mme Castex remboursement de mon emprunt du 29 septembre 1864 (3).. 500 »

---

(1) Voir au 9 juillet 1865.
(2) Voir au 21 mai 1864.
(3) Voir au 29 septembre 1864.

à la dite remboursement de mon emprunt des 5, 9, 24
mars 1865, ensemble (1)........................ 1.000 »

3   août   à Mme Castex, remboursement de mon
emprunt du 3 octobre 1863, intérêts
compris................ ...... 1.100 »

à la dite, intérêts compris, 2 novembre 1863 (2). 1.100 »

         —   13   —   ... 1.613 »

         —   25   —   ... 1.548 »

18   octobre   Envoyé à St-Maurice pour compte de
Mme Castex..................... 500 »

28   —   Leunagne, entrepreneur, pour compte
de Mme Castex.................... 3.660 »

7   novembre   à M. Buzelin, architecte, pour remettre
à Leblanc, couvreur, pour compte de
Mme Castex.................... 600 »

19   —   Envoyé à St-Maurice pour compte de
Mme Castex..................... 1.000 »

Année 1866.

17 janvier 1866, Remboursé à Mme C. à valoir sur le
billet de 1.000 fr. échéant le 30
juillet 1868.................... 3.800 »

25   —   à Mme C. à valoir sur le billet de 10.000
échéant le 30 juillet 1866........ 400 »

29   —   à Mme C..................... 300 »

29   —   à Mme C. pour 2 barriques de vin de
Mâcon, l'une de 195 fr., l'autre de
130 fr.................... 325 »

---

(1) Voir au 22 mars 1865.
(2) Voir au 3 octobre 1863.

29   —   Reçu du Crédit foncier.............. 7.000 »

5   février   Remboursé à Mme C. à valoir sur le billet
de 10.000 fr., échéant le 30 janv. 1867.. 7.500 »

6 février 1866. Reçu d'emprunt de la Banque de France sur valeurs déposées, remboursable le 10 avril 1865.............. 6,000 »

A Mme C..., remboursé, à valoir sur le billet de 10,000 francs échéant le 30 janvier 1867............................. 4,500 »

8 avril. A Mme C..., pour solde des quatre billets dus aux échéances suivantes :

30 janvier	1866	
30 juillet	1866	23,500 francs.
30 novembre	1866	
30 janvier	1865	

24 septembre 1866. A M. Rousseau, architecte, pour remettre à Mennier, peintre, pour compte de Mme Castex............ 127 »

6 avril. Remboursé à Mme C..., bancknote............ 126 50

25 septembre. A M. Darcy, pour remettre à Louis, jardinier, pour compte de Mme Castex.... .... 100 »

9 octobre. Envoyé à Saint-Maurice, pour le compte de Mme Castex................................. 200 »

1 décembre. A Mme C..., pour achat de dix actions de l'Est à 535 fr., n°s 436,446 à 486,445; savoir, en espèces.............. 3,000 »
en un billet à ordre, y compris les intérêts, payable le 1er décembre 1867................................. 2,467 50

1er décembre. Reçu d'emprunt de la Banque sur dépôt de dix-huit actions du chemin de fer de l'Est........................ 5,600 »

N°s 486,393 à 486,400, soit   8
N°s 486,436 à 486,445, soit 10
_____
18   (1)

6 avril. Contre remboursement de quatre billets à diverses échéances...................................... 23,500 »

24 décembre 1866. Remboursé à Mme Castex pour mon emprunt du .... 500 »

Année 1867.

à ladite solde de ce que je restais lui devoir au 1er courant.. 68 50

25 janvier. Pris par Mme Castex : quatorze vieilles serviettes de toiles.

II

Articles relatifs à des emprunts faits à diverses personnes par M. Deurbroucq.

—

Année 1860.

—

9 mars 1860. A Mme de Slade, mon emprunt du 28 fevrier dernier........................... 250 »

16   —   Euvoyé à M. Sykes, pour payer la rente de M. Paynter, échue à Noël 1859, liv. sterl. 60.................... 1,500 »

10 avril. A M. Potier, notaire, remboursement de mon emprunt du 10 janvier 1860 .... 5,000 »

_____

(1) Il résulte du certificat délivré par le secrétaire-général de la Banque de France que Mme Castex, DÈS LE 23 JUILLET 1858, plus de deux ANNÉES AVANT D'AVOIR CONNU M. *Deurbroucq*, était propriétaire de ces actions de l'Est.

Il constate qu'elle les a déposées à la banque, à cette date 23 juillet 1858 et qu'elles portaient les mêmes numéros : 486,393 à 486, 445, seulement, au lieu de 38 actions comme l'indique le carnet, elle en avait, en 1858, CINQUANTE-TROIS.

A M. Potier, pour six mois d'intérêts à Mme veuve Joly Fraissinet,
échus le 1er courant, sur 24,000 francs d'emprunt.......   600 »

Audit, pour intérêts du 20 octobre 1859 au 1er courant, sur 12,000 fr.
d'emprunt.....................................   266 65

A Mme de Slade, six mois d'intérêts échus le 21 avril.....   750 »

Envoyé à M. Sykes, pour payer la rente de M. Marshale, échue le
25 mars dernier................................   1,200 »

A M. Potier, pour six mois d'intérêts échus le 1er courant, pour M. Samson, Mlle Descot................................   375 »

A Mme de Slade, une année d'intérêts sur mon billet de 6,000 fr., échus
le 10 courant, ledit billet prorogé jusqu'au 10 mai 1865 ..   300 »

A M. Porcheron, à valoir sur ma reconnaissance à Françoise Porcheron,
montant à 18,115 fr. 50, datée du 1er mai 1857. Ladite reconnaissance se trouvant réduite au 1er mai 1860 avec les intérêts calculés
à 12,000 fr..................................   952 »

6 mai. A Mme Chaurand, six mois d'intérêts échus le 22 avril
1860.......................................   250 »

15 mai. A Félix Porcheron, 1,439 fr. 67, payables le 1er novembre
1860, intérêts compris.

—   A Émile Porcheron, 1,457 fr. 22, payables le 1er février 1861,
intérêts compris.

—   A William Porcheron, 1,404 fr. 57, payables le 1er mai 1861,
intérêts à tenir compte à 5 %, non compris.

—   A P. Porcheron, 6,708 fr. 90, payables de la manière suivante :

1er octobre 1860..... 1,410 51   intérêts compris
1er janvier 1861..... 1,033 34   d°
1er avril   — ..... 1,045 84   d°
1er juillet   — ..... 1,058 32   d°
1er octobre   — ..... 1,070 80   d°
1er janvier 1862 ..... 1,083 28   d°

27 mai. Envoyé à M. Sykes, pour payer le billet de liv. sterl. 20, billet à trois mois, que j'ai accepté, échéant le 31 courant.................................... 500 »

— Envoyé à M. Sykes, pour payer la rente de M. Marshale, échue.. 1.200 »

4 juillet. Envoyé pour payer la rente de M. Marshale, échue le 24 juin dernier.................................... 1.250 »

Liv. sterl. 10 London 20 octobre 1859.
— 10 — 25 mars 1860.
— 20 — 21 avril 1860.
— 10 — 23 avril 1860.

1ᵉʳ août. A Porcheron, mon billet à lui consenti le 15 mai 1860, pour valeur par lui avancée à M. et Mᵐᵉ Suttan, sur leurs droits dans la succession de Mᵐᵉ Porcheron, y compris les intérêts depuis le 1ᵉʳ mai 1860 .... 759 »

— A Porcheron, mon billet consenti à M. et Mᵐᵉ Suttan, le 15 mai 1860, pour solde de compte à ce jour de ce dont je suis leur débiteur pour leurs droits dans la somme que je devais à la mère... 662 75

31 octobre.   Envoyé pour la rente de M. Marshale, échue le 25 septembre........... 1.250 »

16 novembre.   A Porcheron, à valoir sur mon billet de 6,702 fr., consenti le 15 mai 1860, provenant de la succession de sa femme sur les fonds qu'elle avait déposé entre mes mains.......... 1.410 50

20 décembre.   A Mᵐᵉ de Slade, six mois d'intérêts échus le 25 octobre............. 750 »

30 —   A M. Potier, pour intérêts échus à M. Samson : Mˡˡᵉ Descot......... 375 »

3 janvier 1861.	A Porcheron, à valoir sur mon billet de 6,702 fr., consenti le 15 mai 1860............................	1.033	»
5 février.	A Pierre Porcheron, pour le compte d'Émile Porcheron..............	1.457	22
8 —	Envoyé pour la rente de M. Marshale, échue le 25 décembre...........	1.250	»
12 avril.	Envoyé pour la rente de M. Marshale.	1.250	»
12 —	A Mme de Slade, pour une année d'intérêts...	150	»
22 —	A Mme Chaurand, pour 6 mois d'intérêts échus le 22 courant........	250	»
23 —	A M. Potier, 6 mois d'intérêts, échus le 1er courant, pour Mme veuve Joly Fraissinet : sur 36,000..........	900	»
24 —	A Mme de Slade, pour six mois d'intérêts, échus le 21 courant : sur 30,000 fr..	750	»
30 —	A Mme de Slade, remboursement de mon emprunt, suivant billet consenti le 27 février 1855................	3.000	»
30 —	Deux mois d'intérêts..............	25	»
1er mai 1861.	A Pierre Porcheron, pour le compte de William, mon billet, consenti le 15 mai 1860....................	1.404	57
8 —	A Porcheron, à valoir sur mon billet de 6,702 fr., consenti le 15 mai 1860.........................	1.045	»
8 —	Audit, pour compte de son fils William, pour l'année d'intérêts du 1er mai 1860 au 1er mai 1861......	70	25

16 mai.	A M. Turner, remboursement de mon emprunt du Mortgage sur la propriété de Regent street	600	»
16 —	A M. Turner, pour six mois d'intérêts.	15	»
30 —	POUR RETIRER *ma bague, mon épingle,* liv. sterl. 19.2.6.		
1er juillet.	A Pierre Porcheron, à valoir sur mon billet de 6,702 fr., consenti le 15 mai 1860	1.058	32
8 —	Envoyé pour la rente de M. Paynter, à Londres	1.500	»
24 —	Envoyé pour la rente de M. Marshale, due le 24 juin	1.250	»
2 octobre.	A Pierre Porcheron, à valoir sur mon billet de 6,702 fr., consenti le 15 mai 1860	1.070	»
4 —	A M. Fotier, pour six mois d'intérêts dûs à Mlle Descot, échus le 1er mai 1860. .	375	»
4 —	Au même, pour six mois d'intérêts dûs à Mme Joly Fraissinet, au 1er octobre 1861	900	»
1er avril 1862.	A M. Potier, pour 6 mois d'intérêts échus le 1er courant, pour Mme veuve Joly Fraissinet	900	»
1er —	A Mme de Slade, 6 mois d'intérêts échus le 31 décembre 1861	300	»
9 —	A Pierre Porcheron, dernier payement échu le 1er janvier 1862, pour solde de compte de la part à lui revenant dans les fonds que sa femme m'avait déposés.	1.803	28

9 avril	Audit, intérêts du 1er janvier.........	10 50	
9 —	A Mme de Slade, six mois d'intérêts sur 30,000 fr. échus le 21 courant..	750	»
26 —	A Mme Chaurand, six mois d'intérêts...	250	»
2 mai.	A M. Potier, pour 6 mois d'intérêts échus le 1er courant à Mme Descot...	250	»
5 —	A M. Potier, notaire, solde de son mémoire du 15 mai 1860 au 29 octobre 1861.....................	4.378	»
26 octobre.	Rente de M. Marshales............	2.000	»
29 —	A Mme Chaurand, six mois d'intérêts échus le 22..	250	»
1er novembre.	A Mme de Slade, pour six mois d'intérêts.	750	»
—	A M. Potier, pour six mois d'intérêts à Mlle Descot, échus le 1er novembre 1862.......................	250	»
12 janvier 1863.	A Mme de Slade, six mois d'intérêts de mon billet de 6,000 fr., échus le 31 décembre 1862, *ledit billet prorogé jusqu'au 31 décembre 1865*....	300	»
10 avril.	A M. Potier, six mois d'intérêts, échus le 1er courant, pour Mme Joly Fraissinet	900	»
13 —	A Mme de Slade, deux années d'intérêts échus le 10 mai 1861 et 1862 qui n'avaient pas été payés	600	»
23 —	A ladite, six mois d'intérêts, échus le 22 courant....................	750	»
25 Juin.	Envoyé solde du mois de juin pour la rente, échéant le 24 courant.......	375	

18 juillet.	Rente de M. Marshale, liv. sterl. 50.10		
—	Dito M. Paynter, liv. sterl. 59.6.8.		
5 octobre.	A M. Potier, pour payer à Mme Joly Frais-sinet, les 8 mois d'intérêts.........	900	»
5 —	Rente de M. Marshale, liv. sterl. 50.10.		
6 novembre.	A M. Potier, 6 mois d'intérêts, échus le 1er courant, pour Mlle Descot......	250	»
31 décembre.	A mon frère, remboursement de mon emprunt du 2 courant............	700	»
12 janvier 1864.	Rente de M. Marshale, liv. sterl. 50.19.6.		
—	Dito M. Paynter, liv. 59.11.6.		
13 —	A Mme de Slade, une année d'intérêts sur mon billet de 6,000 fr............	300	»
4 avril.	A M. Potier, pour Mme Joly Fraissinet..	900	»
10 —	Rente Marshale, liv. sterl. 50.19.6.		
14 —	A M. Potier, notaire, pour payer les six mois d'intérêts du 1er novembre 1863 au 1er avril 1864, d'une obligation de 10,000 fr., due à Mlle Descot, ladite obligation ayant été, après le décès de Mlle Descot, transportée à Mme Joly Fraissinet et ajoutée à l'obligation de 36,000 fr. que je lui dois.........	203	35
22 —	A Mme de Slade, six mois d'intérêts . ..	750	»
—	A Mme Chaurand, six mois d'intérêts...	250	»
12 mai.	A Mme de Slade, une année d'intérêts sur 6,000 fr., échus ce 10 courant.....	300	»
6 juillet 1864.	Envoyé à Mlle Mathilde par l'entremise de Donon, Aubry et Gauthier, pour solde de tous comptes.................	1,024	»
12 juillet.	Rente Marshale, liv. sterl. 51.3.9.		
—	D° Paynter, 50.3.9.		

20 octobre.   Mêmes mentions.
21 décembre.   A Mme de Slade, 6 mois d'intérêts.......   750   »
    janvier 1865.   Dito.   intérêts échus...   300   »
17   —   Rente Marshale, liv. sterl. 51.3.9.
17   —   Dito Saynter, 59.16.10.
1er février 1865.   Reçu de M. Potier, à valoir sur mon em-
                         prunt de 55,000 fr., savoir : 50,000 fr.
                         de Mme veuve d'Ales, 5,000 fr. de M. Lau-
                         rent, remboursables le
                         hypothéqués sur la ferme du château.   5,000   »
        —   Reçu dudit, pour emprunt...........   1,000   »
12 avril.   A M. Potier, pour intérêts Joly Fraissinet
                         du capital de 46,000 fr..........   1,150   »
        —   A la Banque, deux mois d'intérêts sur
                         mon emprunt de 2,200 fr........   26   »
18   —   A Mme de Slade. six mois d'intérêts...   750   »
18   —   Rente Marshale, liv. sterl. 51.3.9.
20 juin.   Ma remise sur Londres, à valoir sur
                         d'anciens comptes   20,000   »
8 octobre 1865.   Envoyé à Mlle Mathilde Herz mon solde
                         de tout compte de l'argent qu'elle
                         avait prêté à ma pauvre amie......   2,572   »
3 février 1866.   Reçu d'emprunt de M. Potier, notaire,
                         pour mon billet remboursable le
                         3 avril 1866   2,000   »
        —   Intérêts dudit, deux mois..........   8 35
3 mars.   A M. Potier, remboursement de mon
                         emprunt du 3 février   2,000   »
3 avril.   A M. Potier, pour le remboursement à
                         Mme Chaurand de mon emprunt du
                         22 avril 1852.................   10,000   »
    octobre.   A M. Potier, intérêts Joly Fraissinet.   1,150   »
17.   —   Rente Marshale, liv. sterl. 51.11.6.

Janvier 1867.   Même mention.

Mars.   A la Banque, pour intérêts jusqu'à ce
jour, sur 42,600 fr.............   361 40

III.

Articles divers.

Mars 1860. A Ida.................................   1,000 »

21. — A la Compagnie Nationale, pour une rente viagère de 3,000 »
sur ma tête et celle de Mme Deurbroucq.................   25,755 »

14 avril. A Mme de Sainte-Marie, sa pension, échue le 1er courant........ ....   500 »

15 —   A Henri, pour étrennes ....   200 »

20 —

26 mai. A Mme de Sainte-Marie.....................   100 »

20 mai. Un bouquet de fleurs pour porter sur la tombe de ma pauvre
amie........ ....   2 50

31 mai. Un médaillon pour les cheveux de ma pauvre amie..   6 »

3 juin. Envoyé à M. F., pour payer à M. Turner, six mois d'intérêts ....   375 »

7 —   Fleurs du tombeau et caisses............. ....   105 »

21 —   A Ida.................................   100 »

30 —   A Ida, sa pension échéant le 1er juillet........   500 »

30 —   A M. de Sainte-Marie, trois mois d'intérêts sur les 40,000 fr.
provenant de la succession de Mme D.................   500 »

12 juillet. A Mme de Sainte-Marie, pour la robe promise à Henriette,
pour le jour de l'an.............................   200 »

14 juillet. Un bouquet pour la fête de ma pauvre amie......   1 »

22 juillet. A Mme de Sainte-Marie.....................   100 »

—   A ladite, trois mois d'intérêts sur 40,000 fr....   500 »

1er janvier 1861. A Henri, pour étrennes .... 500 »

5 — A Mme de Sainte-Marie, sa pension échue..... 500 »

A ladite, trois mois d'intérêts pour 40,000 fr... ... . 500 »

8 février. Remis à Ida........................... 1,000 »

15 avril 1861. A Mme de Sainte-Marie, sa pension échue le 1er courant.. 500 »

A ladite, trois mois d'intérêts pour 40,000 fr.......... 500 »

A ladite, donnée (1)............................. . 4,000 »

13 mai. Prêté à Mme de Sainte-Marie................. 2,000 »

16. A Mme de Sainte-Marie, pour les dix bouteilles de vin de Xérès.. 29 »

6 juin. A Mme de Sainte-Marie, à valoir sur les 40,000 fr. 5,000 »

Quatre couronnes d'immortelles..................... 4 »

13 juin. A Mme de Sainte-Marie, trois mois de sa pension, échéant le 1er juillet........................... 500 »

— A ladite, trois mois d'intérêts............... 500 »

20 juin. Versé à fonds perdus à la Compagnie Nationale pour une rente viagère annuelle de 6,000 fr.............. ... 44,089 »

2 juillet 1861. A Me Potier, notaire, pour payer à Mme de Sainte-Marie le solde des 40,000 fr. dûs à Ida, provenant de la succession de sa mère................................. 35,000 »

13 juillet. Prêté à Henry...................... 300 »

1er avril 1862. A Ida, sa pension échue ce jour......... 500 »

— Envoyé à Henri..................'............ 500 »

18 avril. A Mme de Sainte-Marie, pour payer six mois d'intérêts sur 30,000 fr. échus le 15 courant.................... 750 »

15 juillet. Un bouquet pour la fête de ma pauvre amie...... 6 »

Reçu du Crédit foncier.......................... 5,000 »

Reste disponible........................ 25,259 85

Reçu du Crédit foncier.......................... 2,000 »

____

(1) Sur le carnet, M. Deurbroucq avait écrit : *prêté*. On a raturé le mot qui a été remplacé par celui-ci : DONNÉE.

Reste disponible............ .... 23,259 85
Reçu du Crédit foncier............. .... 3,000 »
Reste disponible....................... .... 23,259 85
Reçu du Crédit foncier............................. 500 »
Reste disponible................................ 19,759 85

16 juillet. A Mme Morris, le billet à ordre de M. Marie, consenti par Henri de Sainte-Marie, pour six mois d'intérêts échus le 15 courant................... .... 750 »

21 octobre 1863. A Mme Marie, billet d'intérêt à l'ordre de M. Marie, contracté par Henri, Mme de Sainte-Marie, échu le 15 courant.   600 »

25 juillet 1846. A Mme Marie, billet d'intérêt à l'ordre de M. Marie, pour compte de Mme de Sainte-Marie...................... 600 »

6 mars 1866. A Mme de Sainte-Marie, pour payer le billet Marie, échéant le 15 courant, contracté par son fils et garanti par elle.   30,000 »

26 avril. Envoyé à Henri.......................... 500 »
30 mai. A Mme de Sainte-Marie, pour envoyer à Henri..   500 »

2 juin. A Mme de Sainte-Marie, pour une robe pour ses étrennes.
                                                    200 »

5 juillet. Envoyé à Ida sa pension échue le 1er courant...   500 »

29 octobre. A M. Marie, trois mois d'intérêts échus le 15 courant pour le billet Sainte-Marie.............................. 750 »

2 novembre. Deux couronnes d'immortelles........... 2 »

3 — A Ida, sa pension, échue le 1er octobre.... 500 »

14 janvier 1863. A Mme de Sainte-Marie, sa pension, échue le 1er courant.. ...... 500 »

30 — A M. Marie, billet consenti par Henri de Sainte-Marie.
                                                    750 »

14 avril. A Mme de Sainte-Marie, pour payer les trois mois d'intérêts échéant le 15 courant....... .... 600 »

22 — A Mme de Sainte-Marie, sa pension échue le 1er courant... 500 »

7 juillet. Envoyé à Mme de Sainte-Marie, sa pension échue le 1er courant. .... 500 »

18 A Mme Morris, billet d'intérêts contracté par Henri de Sainte-Marie..............................≡............................ 600 »

28 octobre. A Mme Morris, billet d'intérêts contracté par Henri. 600 »

21 décembre. Envoyé à Mme de Sainte-Marie le trimestre de sa pension, échu le 1er octobre. .... 500 »

14 janvier 1834. A Mme de Sainte-Marie pour acheter une robe pour ses étrennes............................. 200 »

— Solde du 1er janvier........................ 800 »

21 janvier. A Mme Morris, billet Henri Sainte-Marie..... 600 »

29 janvier. A Mme de Sainte-Marie, sa pension échue le 1er courant............................. 500 »

16 avril.	A Mme de Sainte-Marie, sa pension échue le 1er courant.............	500	»
18 —	A Mme Morris, billet d'intérêts à l'ordre de M. Maric pour compte de Mme de Sainte-Marie.	600	»
22 —	A Mme de........................		
29 —	Envoyé à Mlle Mathilde Sterzing pour payer le solde du billet de 10,000 fr. contracté par Mme de Sainte-Marie..	5.000	»
29 —	Commission dudit envoi.............	25	»
6 juillet.	Envoyé pour le même objet par Mme de Sainte-Marie	1.024	»
14 —	A Mme de Sainte-Marie, sa pension échue le 1er courant....................	500	»
25 —	A Mme Morris, billet d'intérêts pour compte de Mme de Sainte-Marie.............	600	»
21 octobre	Même mention....................	600	»
22 —	A Mme de Sainte-Marie, pour Henri.....	500	»
janvier 1865.	Mme de Sainte-Marie, une robe	200	»

6 —	Mme de Sainte-Marie, sa pension échue le 1er octobre 1864	200 »
18 —	A Mme de Sainte-Marie, *à valoir* sur sa pension, échne le 1er octobre courant.	300 »
20 —	A Mme Morris, le billet Marie, échu le 15 courant, pour compte de Mme de Sainte-Marie.....................	600 »
18 avril.	Mme de Sainte-Marie, sa pension échue..	500 »
25 juillet.	Billet Marie, pour intérêt trois mois, pour compte de Mme de Sainte-Marie	600 »
20 octobre.	Envoyé à Mme de Sainte-Marie, le quartier de sa pension.....................	500 »
—	A Henri	500 »
27 —	Billet Marie, échu le 15 courant........	600 »
1866 Janvier.	Couronnes d'immortelles..............	5 »
6 avril.	A Mme de Sainte-Marie, pour payer le billet Marie, échéant le 15, contracté par son fils....	30.000 »
6 —	Pour trois mois d'intérêt dudit........	600 »